RÉPERTOIRE NUMÉRIQUE

DES

Archives de l'Arrondissement Maritime de Lorient.

ARCHIVES DE LA MARINE

F. MAREC

COMMISSAIRE EN CHEF DE 1re CLASSE DE RÉSERVE
ARCHIVISTE DU 3e ARRONDISSEMENT MARITIME

Répertoire Numérique

DES

Archives de l'Arrondissement Maritime de Lorient

SÉRIE F. SOUS-SÉRIE 1 F

DIRECTION DU SERVICE DE SANTÉ

PARIS
SOCIÉTÉ D'ÉDITIONS
GÉOGRAPHIQUES, MARITIMES ET COLONIALES
ANCIENNE MAISON CHALLAMEL FONDÉE EN 1839
17, Rue Jacob (VIe)

—

1925

OUVRAGE PUBLIÉ SOUS LA DIRECTION
DU SERVICE HISTORIQUE DE L'ÉTAT-MAJOR DE LA MARINE

ARCHIVES DE LA MARINE

F. MAREC

COMMISSAIRE EN CHEF DE 1ʳᵉ CLASSE DE RÉSERVE
ARCHIVISTE DU 3ᵉ ARRONDISSEMENT MARITIME

Répertoire Numérique

DES

Archives de l'Arrondissement Maritime de Lorient

SÉRIE F. SOUS-SÉRIE 1 F

DIRECTION DU SERVICE DE SANTÉ

PARIS
SOCIÉTÉ D'ÉDITIONS
GÉOGRAPHIQUES, MARITIMES ET COLONIALES
ANCIENNE MAISON CHALLAMEL FONDÉE EN 1839
17, Rue Jacob (VIᵉ)

1925

AVANT-PROPOS

Les lettres du Ministre à l'Ordonnateur du port de Lorient (1 E⁴) contiennent, dès l'année 1694, diverses mentions de l'existence d'un hôpital de la Marine au Port-Louis, siège de la Marine Royale, hôpital regardé, dans les commencements, comme « celui des Vaisseaux », mais son existence fut d'assez courte durée : en 1718, le Ministre, envisageant la construction d'un hôpital à Lorient, attendait le mémoire et le plan établis à cet effet, mais il ne jugea pas utile d'y donner suite, se décidant à transmettre à l'Ordonnateur des instructions pour la passation d'un marché avec l'hospice civil de Port-Louis, en vue de la suppression de l'hôpital de la Marine ; à cet effet, après un premier refus des Directeurs de l'hospice de recevoir des soldats, qui furent provisoirement placés chez des particuliers, une convention fut conclue le 4 novembre 1720 et renouvelée ultérieurement, pour la subsistance seulement, un traité analogue étant passé avec le Chirurgien de l'Hôpital pour les médicaments. En 1739, le Ministre, trouvant exagérés les prix de 17 sols pour la nourriture et 10 sols pour les médicaments, donna l'ordre de passer une convention avec les Directeurs de la Compagnie des Indes pour l'admission des soldats malades du Port-Louis à l'hôpital établi par cette Compagnie à Lorient, « comme elle y recevait ses malades » ; le prix était de 24 sols par jour, subsistance et médicaments compris.

Le transport des malades par mer à Lorient ne fut pas sans

soulever les réclamations des capitaines de compagnie tant en raison des difficultés de transport que des facilités de désertion, à tel point que les capitaines furent laissés libres de faire soigner les malades à l'hospice civil du Port-Louis, mais à la condition qu'ils payassent le surplus de la dépense, ce que tous n'acceptèrent pas. Les contrats avec l'hospice du Port-Louis furent néanmoins renouvelés, mais à des dates tellement irrégulières que, en 1759, le Ministre se déclare « étonné de l'ancienneté du marché en cours remontant au mois de mars 1741 et recommande de passer sans retardement un nouveau marché à des conditions moins onéreuses pour le Roy » ; il accepte, la même année, un traité au prix de 17 sols pour la ration et 5 sols 8 d. pour les médicaments, mais pour une durée d'un an seulement » parce qu'il sera pris d'ici à ce temps des arrangements pour les hôpitaux ».

Il y a lieu de remarquer ici que si la Compagnie des Indes possédait à Lorient un hôpital pour ses malades, hôpital distinct de l'hospice civil donné à la Ville en 1742 par Mlle Claire Droneau et fonctionnant actuellement encore, cet hôpital devait être de peu d'importance, puisque en 1752, nous trouvons dans la série 1 K^s, un projet d'hôpital de la Compagnie dans la prairie de la Pharmacie, projet qui n'eut aucune suite.

Nous avons d'ailleurs relevé, aux Registres des délibérations de l'hospice civil de Lorient consultés sur place, divers traités, notamment à la date du 22 septembre 1765, avec la Compagnie des Indes fixant les prix à payer pour les malades : 1º par jour ; 2º par enterrement, etc..., et à celle du 15 janvier 1782, un traité analogue avec la Marine Royale.

Ce n'est qu'en 1797, à la suite d'un combat naval dans les coureaux de Groix, que les blessés de la Marine furent reçus dans un établissement spécial, l'ancien couvent des Récollets au Port-Louis, que ces religieux avaient fait construire en 1656. Par lettre du 1ᵉʳ germinal an VI, le Ministre invite l'Ordonnateur à tenir la main à ce que tous les malades indistinctement soient versés à l'hôpital de Port-Liberté. « Il y aura, pour cet objet, un bâtiment léger, couvert, pour le passage des malades de Lorient au Port de la Liberté. Il ne sera conservé à Lorient qu'un Dépôt pour recevoir momentanément les malades qui ne pourraient être transférés sur-le-champ. L'hôpital principal étant au Port de la Liberté, le Commissaire de ce Détail fera sa résidence dans cet endroit. »

Le dit hôpital resta ouvert jusqu'au 1er janvier 1806, date à laquelle le Ministre Decrès le ferma par mesure d'économie et décida que les malades seraient de nouveau admis à l'hospice civil de Lorient. En 1859, à l'occasion d'une sérieuse épidémie de fièvre typhoïde, l'Amiral de Gueydon, Préfet maritime, prit des mesures pour l'installation d'une ambulance provisoire, mesures qui furent approuvées par lettres ministérielles des 28 juin et 18 juillet 1861 attribuant à cet établissement le nom d'Hôpital maritime du Port-Louis.

En ce qui concerne Lorient, diverses lettres du Ministre de l'an II et de l'an III envisagèrent la nécessité d'un hôpital distinct de celui de la Ville, mais elles n'eurent aucune suite ; il en fut de même en 1823 où, par lettre du 16 décembre, le Ministre refusa d'installer un local destiné à recevoir et à traiter les marins et ouvriers du Port, au lieu de les placer à l'hospice civil de la Ville. En 1828 cependant, les travaux pour la construction d'un hôpital de la Marine à Lorient furent autorisés par lettre du 21 février dans la limite de 25.726 francs à prélever sur la dotation du bassin de radoub et sur celle de la prison, mais le dit projet fut abandonné définitivement suivant lettres des 26 juin 1828 et 23 avril 1831.

Enfin, par lettre du 25 décembre 1857, le Ministre prescrivit de nouveau de faire étudier sans délai la question d'un établissement hospitalier pour le service de la Marine à Lorient et, par lettres des 9 avril et 27 août 1858, une Commission chargée d'examiner ladite question soit par achat de l'hospice civil, soit par une installation provisoire dans l'ancien bagne (de 1814 à 1830, un hôpital spécial pour les forçats y avait fonctionné), soit enfin sur un autre emplacement. Après de longs tâtonnements, une Décision ministérielle du 11 août 1864 approuva les plans et devis de l'installation temporaire d'une ambulance dans l'ancienne caserne des disciplinaires, autrement dit sur le terrain de l'ancien parc à bois. Cet établissement qui ne comprenait, à l'origine, que le pavillon qui abrite actuellement le Service des blessés, vit s'adjoindre successivement le Pavillon des Officiers et celui des Fiévreux.

Ce ne fut pas sans motifs sérieux que la Marine se décida enfin à faire soigner elle-même ses malades dans ses propres établissements ; depuis le 1er juin 1806, époque de la suppression de l'hôpital maritime du Port-Louis, diverses conventions, dont la dernière remontait au 1er juin 1842 avaient été passées avec l'Administration de l'hospice civil de Lorient, mais des plaintes très vives avaient été portées contre l'insuffisance de cet établissement et la manière dont y étaient traités les malades qui n'y entraient qu'avec répugnance et découragement ; les Officiers de Santé attachés à l'hospice faisaient seuls les visites des malades et ordonnaient les remèdes, les médecins de la Marine n'effectuant qu'un service d'inspection, de même que les médecins militaires vis-à-vis des soldats en traitement.

Par lettre du 14 mai 1857 à son collègue de la Guerre, le Ministre de la Marine lui demandait son avis sur la création, dans cet Etablissement, de salles où militaires et marins seraient traités par les Officiers de Santé de la Guerre et de la Marine, mais mieux valait encore pour la Marine posséder des hôpitaux spécialement affectés à son personnel et c'est dans ces conditions que fut décidée l'installation d'une ambulance à Lorient.

La sous-série 1 F se compose de 618 articles. Elle est divisée en 7 subdivisions dont les premiers documents ne remontent pas au delà de 1793 ; c'est dire que les renseignements historiques anciens n'ont pu être puisés que dans les séries de l'Intendance et des Travaux hydrauliques, les seules possédant des documents se référant au Service de Santé, antérieurs à la période révolutionnaire.

Liste des Médecins, Chirurgiens et Officiers de Santé chargés du Service de Santé dans le 3ᵉ Arrondissement Maritime [1]

GALLOIS, médecin ordinaire............. *26 septembre 1756*
  (Décédé le 18 octobre 1779.)
Honoré-Nicolas FOURNIER, premier méde-
  cin, médecin en chef de l'an IV *1780*
  (Décédé le 28 ventôse an VII.)
  Citoyen DUBREUIL .... 5 vendémiaire an VI-
  5 pluviôse an VI.
Laurent-Gabriel DEVILLERS, médecin de
  1ʳᵉ classe .... 28 ventôse an VII
Antoine BONNOT, officier de santé de
  2ᵉ classe, intérimaire................. 7 septembre 1811
Louis-Joseph DUPONT, second médecin en
  chef................................ 31 mai 1812
Jean-Baptiste-Charles DELIVET, second médecin en chef .... 1ᵉʳ janvier 1816

(1) Les Matricules des Médecins ne remontent pas au delà de 1778, il n'a pas été possible de relever, avec certitude, dans les autres documents du Dépôt, les noms des Officiers de Santé en service antérieurement et qui d'ailleurs, avant l'ouverture de l'hôpital maritime du Port-Louis, en 1797, n'avaient qu'un rôle de contrôle sur les hospices civils où étaient admis les malades de la Marine.

La date qui précède le nom d'un fonctionnaire est celle où il a pris ses fonctions, et où son prédécesseur a quitté les siennes. Les dates imprimées en italique sont celles où les officiers paraissent pour la première ou la dernière fois dans les documents, sans qu'on puisse déterminer l'époque de leur mutation. Les noms imprimés en petits caractères sont ceux des intérimaires qui n'ont été désignés comme tels que pendant une cessation de fonctions provisoire.

Louis CHAUMETTE, chirurgien de 1re classe 7 janvier 1818

Louis-Mathurin FOULLIOY, chirurgien de 1re classe, deuxième médecin en chef le 1er mai 1824 .... 23 mars 1822

Jean-Marie MOLLET, deuxième chirurgien en chef .... 1er septembre 1826

Louis-Marie-Thérèse MOUGEAT, deuxième médecin en chef de 1re classe .... 1er mars 1835

Julien-Bernard-Frémy GUILLARD, chirurgien de 1re classe, intérimaire .... 1er mars 1849

Charles-Adolphe MAHER, second chirurgien en chef .... 25 avril 1849

Ange-Eugène DUVAL, deuxième chirurgien en chef .... 27 avril 1854

Jean DROUET, second chirurgien en chef . 12 juillet 1860

Jules-Eugène ROCHARD, premier chirurgien en chef, médecin en chef du 14 juillet 1865, directeur du Service de Santé du 21 juillet 1870 .... 9 octobre 1865

Pierre-François MAUGER, médecin en chef, directeur du Service de Santé de 2e classe du 3 septembre 1874, de 1re classe du 24 mars 1881 .... 23 septembre 1870

Jean-Marie-François-Etienne LUCAS, médecin en chef, intérimaire .... 20 janvier 1884

Laurent-Jean-Baptiste BÉRENGER-FÉRAUD médecin en chef..................... 28 janvier 1884

Mérault MARTIALIS, Médecin en chef .... 11 mai-5 juillet 1885.

Alexandre-Ferdinand GOURRIER, directeur du Service de Santé de 2e classe....... 23 octobre 1885

Adolphe-Gustave-Marie ALLANIC, médecin en chef, intérimaire................... 4 juin 1886

Jean-Marie-François-Etienne LUCAS, directeur du Service de Santé de 2e classe ... 5 juillet 1886

Mérault MARTIALIS, directeur du Service de Santé de 2e classe, de 1re classe, du 18 août 1892 .... 4 octobre 1889

Jean-Marie-Julien BEAUMANOIR, Médecin en

chef .... 3 août-1er sept. 1891.
Adolphe-Louis-Antoine Duchateau, Médecin
  en chef ....:...................... 12 août-1er sept. 1892.
Louis-François-Zéphyrin Manson, Médecin en
  en chef................................ 18 avril-5 juin 1894.
Adrien-Louis-François Guès, directeur du
  Service de Santé de 2e classe .... 6 décembre 1894
Jean-Marie-Julien Beaumanoir, médecin
  en chef intérimaire .... 14 avril 1896
Paul - François - Jacques - Bonaventure Ta-
  lairach, directeur du Service de Santé
  de 2e classe, Directeur du Service de Santé
  de 1re classe du 27 août 1901........... 29 avril 1896
    Paul-Daniel-Jules Hyades, Médecin en chef .. 16 août-15 sept. 1898.
    Joseph-Ferdinand Breton, Médecin en chef .. 9 juin-22 juin 1902.
Joseph-Ferdinand Breton, médecin en chef
  intérimaire .... 26 juillet 1902
Joseph-Henri Bourru, directeur du Service
  de Santé de 2e classe .... 2 août 1902
Joseph-Marie Frison, médecin en chef de
  1re classe intérimaire................. 1er juillet 1905
Adolphe-Louis-Antoine Duchateau, direc-
  teur du Service de Santé de 1re classe .. 27 juillet 1905
    François-Sylvain Michel, Médecin en chef de
    1re classe .... 3 avril-3 mai 1912.
François-Sylvain Michel, médecin en chef
  de 1re classe, intérimaire .... 21 décembre 1912
Joseph-Henri Pfihl, médecin en chef de
  1re classe .... 21 février 1913
Gustave Bellot, médecin général de 2e classe 10 octobre 1915
François-Sylvain Michel, médecin en chef
  de 1re classe .... 8 novembre 1917
Edmond-Albert Valence, médecin en chef
  de 1re classe .... 22 novembre 1919
  (Médecin général du 17 février 1920.)
Lambert-Jean-Baptiste Michel, médecin
  en chef de 1re classe................. 2 mars 1920
Ernest Cairon, médecin en chef de 1re classe 1er octobre 1920
  et continue.

Sous-série 1 F [1]

DIRECTION ·DU SERVICE DE SANTÉ

1 *F¹* Lettres reçues

*1–*12. . Dépêches ministérielles *in extenso* .. 1821–1881
13 ..... Répertoire de Dépêches ministé-
rielles 1841; 49–1858–72
*14–*25. Dépêches ministérielles *in extenso*. 1882–1893

1 *F²* Conseil de Santé (*Procès-verbaux*).

*1–*16 . Registres des délibérations .... an II–1893 (2)

1 *F³* Conseil de Santé (*Visites*).

*1–*237. Registres de visites et de contre-
visites 1847–1893

1 *F⁴* Certifications et visites médicales.

*1–*18.. Cahiers de certificats de blessures
de l'Arsenal, médicaux, d'autop-
sies, etc. 1858–1893

---

(1) Les volumes sont désignés par des astérisques. Les autres articles sont des dossiers.

(2) Manque seulement le registre de la période 1873-1879 que les recherches effectuées par la Direction n'ont pas permis, jusqu'à ce jour, de retrouver ; elles sont continuées et le volume manquant sera versé s'il peut être retrouvé.

1 *F⁵ Statistique médicale des bâtiments.*

*1-*240. Registres de statistique ou d'obser-
vations médicales des bâtiments. 1858–1893

1 *F⁶ Documents divers.*

1 ...... Dossier relatif à des contraventions
sur la police sanitaire en rade de
Penmané et autres pièces 1817–1859

1 *F⁷ Documents administratifs.*

*1-*81 . Journaux contrôles du personnel ou-
vrier, Registres d'entrée et de
sortie des malades, Registres des
décès et divers 1862–1894

ORLÉANS. — IMP. H. TESSIER